AF236338

Inspirierende islamische Weisheiten

Mit Weisheiten

aus dem Koran

von Mohammed

von Rumi

von den vier großen Kalifen

Impressum

Bibliografische Information der Deutschen Nationalbibliothek:
Die Deutsche Nationalbibliothek verzeichnet diese Publikation in der Deutschen
Nationalbibliografie; detaillierte bibliografische Daten sind im Internet über http://dnb.dnb.de
abrufbar.

© 2021 Pinar Akdag

Buchcover: Canva.com

Herstellung und Verlag: BoD – Books on Demand, Norderstedt

ISBN: 978-3-7543-5200-7

...Für etwas mehr Frieden,
für etwas mehr Verständnis
zwischen den Kulturen
und für etwas mehr
Freiheit, Gleichheit
und Brüderlichkeit
auf Erden.

Herzlichst,
Pinar Akdag

Inhalt

1. Spirituelle Weisheiten des Koran 9

2. Spirituelle Weisheiten von Mohammed (s.a.v.) 25

3. Spirituelle Weisheiten von Rumi 41

4. Spirituelle Weisheiten der vier großen Kalifen 57

4.1 Kalif Ebu Bekir 57

4.2 Kalif Ömer 60

4.3 Kalif Osman 62

4.4 Kalif Ali 64

Die Bedeutungen der Abkürzungen in diesem Buch 67

Literaturverzeichnis 68

1. Spirituelle Weisheiten des Koran

Der Koran

- ist die Heilige Schrift des Islam.
- wurde etwa 610 n. Chr. im Monat Ramadan in der Nähe von Mekka am Berg Nur erstmals herabgesandt.
- wurde dem Propheten Mohammed (s.a.v.) innerhalb einer Zeitspanne von etwa 23 Jahren offenbart.
- besteht aus 114 Suren (Abschnitten), die wiederum aus Ayet (Versen) bestehen.

Bismillahirrahmanirrahim (Im Namen Allahs, des Erbarmers, des Barmherzigen)

1/1)
Im Namen Allahs, des Erbarmers, des Barmherzigen!
1/2)
Lob sei Allah, dem Weltenherrn,
1/3)
Dem Erbarmer, dem Barmherzigen,
1/4)
Dem Herrscher am Tage des Gerichts!
1/5)
Dir dienen wir und zu Dir rufen wir um Hilfe.
1/6)
Leite uns den rechten Pfad,
1/7)
Den Pfad derer, denen Du gnädig bist, nicht derer, denen Du zürnst, und nicht den Irrenden.

2/29)
Er (Allah) ist es, der für euch alles auf Erden erschuf ...

2/62)
Siehe, die da glauben, auch die Juden und die Christen und die Sabäer – wer immer an Allah glaubt und an den Jüngsten Tag und das Rechte tut, die haben ihren Lohn bei ihrem Herrn. Keine Furcht kommt über sie, und sie werden nicht traurig sein.

2/107)
Weißt du nicht, dass Allahs die Herrschaft der Himmel und der Erde ist und dass ihr außer Allah weder Beschützer noch Helfer habt?

2/115)
Und Allahs ist der Westen und der Osten. Daher: Wohin ihr euch auch wendet, dort ist Allahs Angesicht. Siehe, Allah ist allumfassend und wissend.

2/118)
Und die, welche kein Wissen haben, sagen: „Wenn doch nur Allah zu uns spräche oder du uns ein Zeichen brächtest!" Mit ähnlichen Worten sprachen die Leute vor ihnen (schon) so. Ihre Herzen sind einander ähnlich. Für Leute von Glauben zeigten Wir die Zeichen schon deutlich (genug).

2/143)
Und so machten Wir euch zu einem Volk der Mitte*, auf dass ihr Zeugen für die Menschen seid.
*Als Religion des Mittelwegs ist der Islam allem Extremen abhold.

2/152)
So gedenket Meiner (Allah), damit ich eurer gedenke, und danket Mir und verleugnet Mich nicht.

2/153)
O ihr, die ihr glaubt! Sucht Hilfe in Standhaftigkeit und Gebet; siehe, Allah ist mit den Standhaften.

2/186)
Und wenn dich Meine (Allah) Diener nach Mir fragen, siehe, Ich bin nahe. Ich will dem Ruf des Rufenden antworten, sobald er Mich ruft. Doch auch sie sollen Meinen Ruf hören und an Mich glauben; vielleicht schlagen sie den rechten Weg ein.

2/251)
… Und wenn Allah nicht die einen Menschen durch die anderen in Schranken hielte, wahrlich, die Erde wäre voller Unheil. Aber Allah ist voll Güte gegen alle Welt.

2/256)

Kein Zwang im Glauben...!*

*(Dies ist sowohl das Verbot, in Glaubensfragen Gewalt anzuwenden als auch die Feststellung, dass solcher Zwang ein untauglicher Versuch wäre.)

2/279)

... Tut nicht Unrecht, auf dass ihr nicht Unrecht erleidet.

2/281)

Und fürchtet den Tag, an dem ihr zu Allah zurückkehren müsst. Alsdann erhält jede Seele ihren Lohn nach Verdienst, und es soll ihnen kein Unrecht geschehen.

3/7)

Er ist es, Der auf dich (Mohammed) das Buch herabsandte. In ihm sind eindeutige klare Verse - sie sind die Mutter des Buchs* - und andere, mehrdeutige. Diejenigen nun, deren Herzen zum Abweichen neigen, suchen vor allem das Mehrdeutige darin, um Uneinigkeit zu verursachen und es (nach eigenem Gutdünken) auszulegen. Seine Deutung kennt jedoch niemand außer Allah. Und die mit fundiertem Wissen sprechen: „Wir glauben daran. Das eine wie das andere ist von unserem Herrn." Aber nur die Verständigen beherzigen es.

*die Urschrift bei Gott

3/108)

Dies sind die Verse Allahs. Wir verkünden sie dir in Wahrheit. Und Allah will keine Ungerechtigkeit, wo auch immer in aller Welt.

3/133)

Und wetteifert um die Verzeihung eueres Herrn (Allah) und einen Garten, der weit ist wie die Himmel und die Erde, bereitet für die Gottesfürchtigen,

3/134)

Die da spenden in Freud und Leid und den Zorn unterdrücken und den Menschen vergeben – und Allah liebt die Gutes Tuenden.

3/135)

Und diejenigen, die Allahs gedenken und für ihre Sünden um Verzeihung flehen, wenn sie etwas Schändliches getan oder wider sich gesündigt haben – und wer vergibt die Sünden, wenn nicht Allah? – und die nicht im (Bösen) verharren, das sie wissentlich taten:

3/136)

Ihr Lohn ist Verzeihung von ihrem Herrn und Gärten, durcheilt von Bächen, ewig darin zu verweilen, und herrlich ist der Lohn der (Gutes) Wirkenden.

4/40)

Siehe, Allah tut nicht einmal im Gewicht eines Stäubchens Unrecht. Und wenn es eine gute Tat ist, wird Er sie verdoppeln und großen Lohn von sich geben.

6/38)

Keine Tiere gibt es auf Erden und keinen Vogel, der mit seinen Schwingen fliegt, die nicht Völker* wie ihr sind.
*oder: "Geschöpfe"

6/59)

Und bei Ihm sind die Schlüssel des Verborgenen; Er allein kennt es. Er weiß, was zu Land und im Meer ist, und kein Blatt fällt nieder, ohne dass er es weiß. Und kein Körnchen gibt es in den Finsternissen der Erde und nichts Grünes und nichts Dürres, das nicht in einem deutlichen Buch stünde.

6/60)

Er ist es, der euch zu sich nimmt zur Nacht*, und er weiß, was ihr während des Tages tun werdet, an dem er euch erweckt, damit ein bestimmter Termin erfüllt wird. Zu Ihm ist eure Heimkehr. Dann lässt er euch wissen, was ihr getan habt.
*Im Schlaf kehren die Seelen zu Gott

6/102)

Derart ist Allah, euer Herr! Es gibt keinen Gott außer Ihm, dem Schöpfer aller Dinge. So dient Ihm alleine. Er ist der Hüter aller Dinge.

6/103)

Kein Blick erfasst Ihn. Er aber erfasst alle Blicke. Und er ist der Unfassbare*, der Kundige.

*Arabisch: al-latif; kann auch der Feinfühlige, Gütige oder Milde bedeuten.

6/132)

Und für alle sind je nach ihren Verhalten Rangstufen bestimmt. Und dein Herr gibt auf euer Tun acht.

6/145)

Sprich: „In dem, was mir (Mohammed) offenbart wurde, finde ich nichts, was verboten wäre, außer Verendetes oder vergossenes Blut oder Schweinefleisch, denn dies ist ein Greuel – oder Unheiliges, über dem ein anderer als Allah angerufen wurde."

6/160)

Wer im Guten kommt, dem soll das Zehnfache gegeben werden. Und wer im Bösen kommt, dem soll nur im gleichen Maße vergolten werden. Und es soll ihnen kein Unrecht geschehen.

12/21)

… Denn Allah setzt stets seine Anliegen durch, auch wenn die meisten Menschen es nicht wissen.

13/2)

Allah ist es, der die Himmel ohne sichtbare Säulen aufgerichtet hat. Dann setzte Er sich majestätisch auf den Thron. Und er machte sich Sonne und Mond dienstbar. Jedes (Gestirn) läuft auf seiner Bahn innerhalb einer bestimmten Frist. Er lenkt alle

Dinge. Er macht die Zeichen klar, damit ihr fest an die Begegnung mit euerem Herrn glaubt.

13/11)
Ein jeder hat Engel vor sich und hinter sich, die einander ablösen und ihn auf Allahs Geheiß behüten. Gewiss, Allah verändert die Lage eines Volkes nicht, solange sie sich nicht selbst innerlich verändern.

16/97)
Wer das Rechte tut und gläubig ist, sei es Mann oder Frau, dem werden Wir ein gutes Leben geben. Und Wir werden ihn nach seinen besten Werken belohnen.

17/84)
Sprich: "Jeder handelt auf seine Weise. Und euer Herr (Allah) weiß sehr wohl, wer auf dem rechten Weg ist."

20/113)
Und so sandten Wir ihn als arabischen Koran hinab und flochten darin auf vielfältige Weise Drohungen ein, damit sie gottesfürchtig werden mögen oder Er (Allah) ihnen Anlass zu neuem Gottesbewusstsein würde.

20/135)
Sprich: "Ein jeder wartet. So wartet auch ihr. Ihr werdet schon erfahren, wer dem geraden und ebenen Weg gefolgt war und wer sich rechtleiten ließ."

21/30)
Sehen die Ungläubigen denn nicht, dass die Himmel und die Erde eine einzige dichte Masse* waren, die Wir spalteten,** und dass Wir dann aus dem Wasser alles Lebendige entstehen ließen?*** Wollen Sie denn nicht glauben?
* Nach heutigem Kenntnisstand höchstverdichteter Wasserstoff.
** Im sog. Urknall
*** Auch dies ist entwicklungsgeschichtlich erhärtet.

21/31)

Und Wir setzten festgegründete Berge auf die Erde, damit sie nicht mit ihnen wanke. Und wir machten auf ihr breite Täler als Wege, damit sie sich zurechtfinden.

21/32)

Und Wir machten den Himmel zu einem wohl behüteten Dach. Und doch kehren sie sich von Seinen Zeichen ab.

21/33)

Und Er (Allah) ist es, der die Nacht erschuf und den Tag, die Sonne und den Mond; jeder schwebt auf seiner (sphärischen) Bahn.

21/34)

Und Wir gaben auch vor die keinem Menschen Unsterblichkeit. Darum werden sie wohl ewig leben, während du stirbst?

21/35)

Ein jeder wird den Tod erleiden. Und Wir stellen euch auf die Probe, mit Bösem und mit Gutem. Und zu uns kehrt ihr zurück.

21/37)

Der Mensch ist ein ungeduldiges Geschöpf. Wahrlich, Ich (Allah) werde euch Meine Zeichen noch zeigen, aber lasst Mich nicht beschleunigen.

21/47)

Und Wir werden am Tage der Auferstehung gerechte Waagen aufstellen, und niemand soll im geringsten Unrecht erleiden. Und wäre es (auch nur) vom Gewicht eines Senfkorns, Wir brächten es herbei. Und Wir genügen als Rechner.

24/35)

Allah ist das Licht der Himmel und der Erde. Das Gleichnis Seines Lichts ist eine Nische, in der sich eine Lampe befindet. Die Lampe ist in einem Glase. Und das Glas gleicht einem flimmernden Stern. Es wird angezündet von einem gesegneten Baum, einem Olivenbaum, weder vom Osten noch vom Westen, dessen Öl fast schon leuchtet, auch

wenn es kein Feuer berührt. Licht über Licht! Allah leitet zu Seinem Licht, wen Er will. Und Allah prägt Gleichnisse für die Menschen. Und Allah kennt alle Dinge.*
*Der sog. Lichtvers, von besonderer Bedeutung in der islamischen Mystik.

31/27)
Und wenn alle Bäume auf Erden Schreibfedern wären und das Meer (Tinte) und das Meer hernach von sieben Meeren nachgefüllt würde: Allahs Worte würden nicht erschöpft! Siehe, Allah ist mächtig und weise.

35/1)
Alles Lob gebührt Allah, dem Schöpfer der Himmel und der Erde, Der die Engel zu Boten macht, versehen mit Flügeln, je zwei, drei oder vier. Er fügt der Schöpfung hinzu, was Er will. Allah hat wahrlich Macht über alle Dinge.

36/12)
Wahrlich, Wir machen die Toten lebendig. Und Wir schreiben auf, was sie getan und an Spuren hinterlassen haben. Und alle Dinge haben Wir in einem deutlichen Buch aufgezählt.

36/40)
Die Sonne darf nicht den Mond einholen, noch darf die Nacht dem Tag zuvorkommen, sondern alle schweben in der Bahn ihrer Sphäre.

39/44)
Sprich: "Alle Fürsprache hängt allein von Allah ab. Sein ist das Reich der Himmel und der Erde. Und zu Ihm kehrt ihr zurück."

44/38)
Wir erschufen die Himmel und die Erde und was zwischen beiden ist nicht zum spielerischen Zeitvertreib.

44/39)

Wir erschufen alles in Übereinstimmung mit der Wahrheit, jedoch wissen es die meisten von ihnen nicht.

49/10)

Die Gläubigen sind Brüder. Darum stiftet unter eueren Brüdern Frieden. Und seid gottesfürchtig, damit ihr Barmherzigkeit findet.

49/12)

O ihr, die ihr glaubt! Vermeidet möglichst viel Argwohn; denn mancher Argwohn ist Sünde. Und bespitzelt euch nicht und redet nicht hinter dem Rücken schlecht übereinander. Würde jemand von euch etwa gerne das Fleisch seines toten Bruders essen? Ihr würdet es verabscheuen. Und fürchtet Allah. Allah ist fürwahr bereit zu vergeben, barmherzig.

49/13)

O ihr Menschen! Wir erschufen euch aus einem Mann und einer Frau und machten euch zu Völkern und Stämmen, damit ihr einander kennen lernt. Doch der vor Allah am meisten Geehrte von euch ist der Gottesfürchtigste unter euch. Allah ist fürwahr wissend, kundig.

50/16)

Wir erschufen doch den Menschen und wissen, was ihm sein Inneres zuflüstert. Und Wir sind ihm näher als (seine) Halsschlagader.

50/17)

Wenn die zwei Aufzeichnenden* aufschreiben, zur Rechten und zur Linken sitzend,
* Engel

50/18)

Kann er kein Wort sprechen, ohne dass ein Wächter ständig bei ihm wäre.

50/19)

Und mit dem Todeskampf kommt die Wahrheit: "Das ist es, dem du stets entrinnen wolltest!"

51/47)

Den Himmel erbauten wir mit (Unserer) Kraft, und seht, wie Wir ihn (ständig) ausdehnen!*

*Dass das Weltall ständig expandierend sich ausdehnt, ist heute unbestritten.

54/32)

Wir machten den Koran gewiss leicht zum Erinnern. Gibt es denn keinen, der sich ermahnen lässt?

54/52)

Und alles, was sie tun, ist in Büchern festgehalten.

54/53)

Und alles, ob klein oder groß, ist aufgezeichnet.

54/54)

Die Gottesfürchtigen kommen bestimmt in Gärten mit Bächen,

54/55)

Am Sitz der Wahrhaftigkeit, bei einem mächtigen König.

57/1)

Was in den Himmeln und was auf Erden ist, preist Allah. Und Er ist der Erhabene, der Weise.

57/2)

Sein ist das Reich der Himmel und der Erde. Er gibt Leben und lässt sterben. Und Er hat Macht über alle Dinge.

57/3)

Er ist der Erste und der Letzte, der Sichtbare und der Verborgene. Und Er kennt alle Dinge.

57/4)
Er ist es, der die Himmel und die Erde in sechs Tagen erschuf, worauf Er sich auf den Thron setzte. Er weiß, was in die Erde hineingeht und was aus ihr hervorgeht, was vom Himmel herabsteigt und was zu ihm hinaufsteigt. Und Er ist bei euch, wo immer ihr seid. Und Allah sieht wohl, was ihr tut.

57/5)
Sein ist das Reich der Himmel und der Erde. Und zu Allah kehren alle Dinge zurück.

57/6)
Er lässt die Nacht in den Tag übergehen und den Tag in die Nacht. Und Er kennt das Innerste der Herzen.

57/9)
Er ist es, der auf Seinen Diener deutliche Verse hinabsendet, um euch aus der tiefsten Finsternis zum Licht zu führen. Und Allah ist wahrlich gütig und barmherzig gegen euch.

57/11)
Wer ist es, der Allah ein schönes Darlehen geben will? Mehr als verdoppeln wird Er es ihm, und ihm wird ein würdiger Lohn zuteil.*
* Darlehen bezieht sich auf Spenden

58/7)
Siehst du denn nicht, dass Allah alles weiß, was in den Himmeln und was auf Erden ist? Keine drei führen ein geheimes Gespräch, ohne dass Er ihr Vierter, und keine fünf, ohne dass Er ihr Sechster wäre; ob weniger oder mehr, Er ist bei ihnen, wo immer sie sind. Dann, am Tage der Auferstehung, hält Er ihnen vor, was sie getan haben. Allah kennt fürwahr alle Dinge.

64/14)
... Doch wenn ihr vergebt und Nachsicht übt und verzeiht – auch Allah ist verzeihend, barmherzig.

89/27)

O du Seele voll Ruhe,

89/28)

Kehre zu deinem Herrn zurück, zufrieden und (Ihn) zufrieden stellend,

89/29)

Und tritt ein unter Meine Diener,

89/30)

Und tritt ein in Mein Paradies!

91/1)

Bei der Sonne und ihrem Glanz!

91/2)

Beim Mond, wenn er ihr folgt!

91/3)

Beim Tag, wenn er sie* enthüllt!

* die Erde

91/4)

Bei der Nacht, wenn sie sie verhüllt!

91/5)

Beim Himmel und was ihn erbaute!

91/6)

Bei der Erde und was sie ausbreitete!

91/7)

Bei der Seele und was sie bildete

91/8)

Und ihr ihre Schlechtigkeit ebenso eingab wie ihre Gottes-furcht:

91/9)

Wohl ergeht es dem, der sie läutert,

91/10)

Und verloren geht der, der sie verdirbt.

92/1)

Bei der Nacht, wenn sie verhüllt!

92/2)

Beim Tag, wenn er sich enthüllt!

92/3)

Und bei Dem, der Mann und Frau erschuf!

92/4)

Euer Bemühen ist wirklich höchst unterschiedlich.

92/5)

Was nun den anbetrifft, der gibt und (Allah) fürchtet

92/6)

Und das Beste* für wahr erklärt,

* Was "das Beste" (arab.: "al-husna") in Vers 6 und 9 ist – die Wahrheit schlechthin, das Paradies, der richtige Glaube – ist für jede Auslegung offen.

92/7)

Dem machen Wir den Weg zum Heil leicht.

92/8)

Was aber den anbetrifft, der geizig ist und auf niemand angewiesen zu sein glaubt

92/9)

Und das Beste für Lüge erklärt,

92/10)

Dem machen Wir den Weg zum Unheil leicht.

92/11)

Und sein Reichtum nützt ihm nichts, wenn er hinabgestürzt wird.

92/12)

Uns obliegt fürwahr die Rechtleitung.

92/13)

Und Unser ist das Künftige (im Jenseits) und das Gegenwärtige (im Diesseits).

92/14)

Darum warne ich euch vor einem lodernden Feuer!

92/15)

Nur der Unseligste brennt in ihm,

92/16)

Der da leugnet und sich abwendet.

92/17)

Doch der Gottesfürchtige wird davor bewahrt,

92/18)

Der seinen Besitz hergibt, um sich zu läutern,

92/19)

Und nicht als Lohn für erhaltene Wohltaten,

92/20)

Sondern nur im Trachten nach dem Angesicht seines Herrn**, des Höchsten,

** Das "Angesicht" (arab.: "wajh") seines Herrn zu sehen, ist das unstillbare Verlangen jedes Gläubigen, unstillbar womöglich auch im Jenseits.

92/21)

Und er wird gewiss zufrieden sein.

94/1)

Haben Wir dir (Mohammed) nicht deine Brust geweitet

94/2)

Und deine Last von dir genommen,

94/3)

Die so schwer auf deinem Rücken lastete?

94/4)

Und (haben Wir dir nicht) dein Ansehen erhöht?

94/5)

Doch wahrlich, mit (jeder) Schwierigkeit kommt (auch) Erleichterung!

94/6)

Doch wahrlich, mit (jeder) Schwierigkeit kommt (auch) Erleichterung!

94/7)

Und wenn du (mit etwas) fertig bist, dann bemühe dich weiter.

94/8)

Und widme dich ganz deinem Herrn.

95/1)

Bei der Feige und der Olive!

95/2)

Beim Berge Sinai!

95/3)

Und dieser Stadt der Sicherheit!

95/4)

Wir erschufen den Menschen gewiss in schönster Gestalt.

95/5)

Dann machten Wir ihn wieder zum Niedrigsten der Niedrigen,

95/6)

Außer denen, die glauben und Gutes tun: Sie erwartet unendlicher Lohn.

95/7)

Und was lässt dich dennoch das (Letzte) Gericht leugnen?

95/8)

Ist nicht Allah der gerechteste aller Richter?

112/1)

Sprich: "Er ist der Eine Gott,

112/2)

Allah, der Absolute*.

* Arab.: ´as-samad´: Der Undurchdringliche; von dem alles abhängt und der selbst völlig unabhängig ist; die Erstursache

112/3)

Er zeugt nicht und ist nicht gezeugt,

112/4)

Und es gibt keinen, der Ihm gleicht."

2. Spirituelle Weisheiten von Mohammed (s.a.v.)

Der Prophet Mohammed (s.a.v.)

- kam 571 in Mekka auf die Welt und verstarb 632 in Medina.
- gilt im Islam als Gottesgesandter und Prophet.
- erhielt mit dem Koran die Offenbarung Allahs.
- erhielt im Jahr 610 n. Chr. im Alter von 40 Jahren die erste Offenbarung des Koran.

Die Hadithe (Überlieferungen Mohammeds (s.a.v.)) haben für Muslime einen wichtigen Vorbildcharakter, da der Prophet nach Ansicht der Muslime ein vollkommener Mensch war.

Hadithe (Überlieferungen) von Mohammed

Bismillahirrahmanirrahiym
Im Namen Allahs, des Erbarmers, des Barmherzigen

6/9)
„Wünscht vor Allah Größe."
Es wurde gesagt: „O Prophet Allahs, was ist das?"
Er äußerte: „Der Person, der dir unwissend entgegenkommt, begegnest du mit Milde und gehst vorbei und der dich etwas beraubt, bringst du eine Wohltat entgegen."
(überliefert von Ibni Ömer r. a.)

11/9)
Liebst du es, wenn dein Herz erweicht und dein Gebet sichtbar wird? Habe Mitleid mit dem Waisen, streiche ihm über das Haupt und gib ihm von deinem Essen. Dadurch erweicht dein Herz und du erreichst dein Gebet.
(überliefert von Ebud Derda r. a.)

12/3)
Macht euch unter den Armen Freunde. Denn am Tage der Rechenschaft gehört das Reich ihnen.
(überliefert von Hasan ibni Ali r. a.)

12/8)
Wisst ihr, was den Menschen den Eintritt in das Paradies am meisten gewährleistet? Gottesfurcht und ein schöner Charakter. Wisst ihr, was der größte Grund der Menschen für den Eintritt in die Hölle ist? Dies sind zwei Zwischenräume: die Mund- und Beinzwischenräume.
(überliefert von Ebu Hüreyre r. a.)

15/9)

Im Maß des Gläubigen wiegt ein schöner Charakter am schwersten. Gewiss ist Allah in Zorn über schlecht Tuende und Sprechende und unverschämt Redende.
(überliefert von Ebud Derda r. a.)

16/13)

Von den Taten ist Allah am liebsten, einen Armen zu speisen, oder seine Schulden zu begleichen oder von ihm ein Leid zu beseitigen, als gutes Werk einer Person.
(überliefert von Hakem ibni Umeyr r. a.)

17/8)

Die unter euch Allah am lieblichsten Erscheinenden sind diejenigen, die charakterlich am schönsten sind. Das sind solch bescheidene Personen, dass sie mit anderen verträglich sind und andere mit ihnen verträglich sind. Diejenigen unter euch, die Allah am unliebsten erscheinen, sind diejenigen, die Gesprochenes weitersagen, deren Fehler untersuchen und zwischen Freunden Zwiespalt säen.
(überliefert von Enes r. a.)

17/10)

Was du für dein Selbst liebst, das liebe auch für die Menschen.
(überliefert vom Großvater von Esedül Karsi)

17/16)

Liebt das Gute und dessen Eigenschaften. Ich schwöre bei Allah, Segen und Gesundheit sind mit ihnen.
(überliefert von Ebu Said r. a.)

24/3)

Bis eine Person seinem kranken Freund zu Besuch kommt und sich hinsetzt, ist es so, als sei er auf Pfaden des Paradieses gewandert. Wenn er sich hinsetzt, erfüllt ihn Gnade. Falls er diesen Besuch am Morgen unternahm, beten 70.000 Engel für ihn bis

zum Abend. Falls er diesen Besuch am Abend unternahm, beten 70.000 Engel für ihn, bis es Morgen wird.
(überliefert von Ali r. a.)

25/3)
Wenn Allah einen Diener lieb gewinnt, schließt er ihm weltliches Bemühen und öffnet ihm Bemühen für das Jenseits.
(überliefert von Enes r. a.)

25/9)
Wenn einer von euch seinen Nächsten liebt, so teile er ihm seine Liebe mit. Denn dies ist im Beisammensein beständiger und in der Freundschaft Dauer verleihend.
(überliefert von Mucahid r. a.)

27/1)
Wenn Allah einem Diener Gutes wünscht, öffnet Er ihm das Schloss seines Herzens. Und Er gibt ihm Glaube und Aufrichtigkeit. Und Er macht einen Schutz um das, was sein Herz erreicht und Er macht sein Herz gutartig, seine Sprache treu, seine Moral fest, sein Ohr hörend und sein Auge sehend.
(überliefert von Ebu Zer r. a.)

29/1)
Wenn du eine Sache tun willst, überlege dessen Ende gut. Wenn das Ergebnis eine Wohltat ist, tue es, wenn das Ergebnis Schlechtigkeit ist, dass verzichte darauf.
(überliefert von Abdullah ibni Misver r. a.)

37/4)
Wenn die Diener am Tage der Rechenschaft zum Stehen gebracht werden, wird ein Rufer Folgendes äußern: „Die, deren Lohn bei Allah liegt, sollen sich trennen und jenes Paradies betreten." Es wird gesprochen: „Wer ist derjenige, dessen Lohn bei Allah liegt?" Der Rufer sagt dann: „Diejenigen unter den Menschen, die vergeben."

Daraufhin stehen so und so viel tausend Personen auf und betreten das Paradies, ohne Rechenschaft abzulegen.
(überliefert von Enes r. a.)

79/8)
Am Tage der Rechenschaft ist derjenige unter euch mir vom Rang am nächsten, der unter euch den besten Charakter hat.
(überliefert von Ali r. a.)

80/5)
Wenn Allah, der Allmächtige, einem Diener etwas zuerkennt, kann das niemand abwenden.
(überliefert von Muhallet ibni Ukbe r. a.)

86/8)
Wenn Allah, der Allmächtige, den Beschluss eines Schicksals vollstrecken will, nimmt er den Verstand von den Köpfen. Wenn der Beschluss vollzogen ist, gibt er den Verstand zurück. Und dann gelangt Reue zu ihnen.
(überliefert von Cafer bin Muhammed r. a.)

87/11)
Allah (c. c.), der Allmächtige ist schön und Er liebt die Schönen. Wenn Er einem Diener Güter gegeben hat, findet Er Gefallen daran, dessen Spur auf ihm zu sehen. Hochmut betrauert den Schöpfer und erzürnt die Schöpfung.
(überliefert von Yahya ibni Cade r. a.)

88/7)
Allah (c. c.) hat den Teig Adams 40 Tage und 40 Nächte gerührt. Er nahm es und schnitt es in zwei Hälften. Auf die rechte Seite trennten sich die Guten, auf die linke Seite die Bösartigen. Dann rührte er den Teig erneut. Aus diesem Grunde können aus den Guten Schlechte und aus den Schlechten Gute hervorgehen.
(überliefert von Ibni Mes´ud r. a.)

92/4)

Allah (c. c.) schaut nicht auf euer Aussehen und euren Besitz, sondern auf eure Herzen und Taten.

(überliefert von Ebu Hüreyre r. a.)

96/2)

Das Muslimendasein ist sauber, ist ohne Schmutz. Seid auch ihr sauber und säubert euch. Denn in das Paradies kommen Saubere.

(überliefert von Aische r. a.)

99/1)

Damit jemand gebührend Muslim ist, muss seine Zunge mit seinem Herzen und sein Herz mit seiner Zunge übereinstimmen, seine Taten und sein Wort müssen übereinstimmen und sein Nachbar muss vor seiner Schlechtigkeit und seinem Kummer sicher sein.

(überliefert von Enes r. a.)

101/1)

Wirklich stark ist der, der im Zorn Herr über sich ist.

(überliefert von Hafsa r. a.)

103/4)

Wahrhaftigkeit führt den Menschen zum Guten, das Gute in das Paradies. Der Mensch spricht und spricht die Wahrheit, bis er in Allahs Reich als ‚Wahrhaft‘ geschrieben wird. Lügen führt den Menschen zu offenkundiger Sünde, offenkundige Sünde lässt dich in die Hölle fallen. Der Mensch lügt und lügt, bis er in Allahs Reich als ‚Lügner‘ geschrieben wird.

(überliefert von Ibni Mes´ud r. a.)

112/9)

Das Schönste des Schönen ist ein schöner Charakter.

(überliefert von Hasan r. a.)

123/1)
Euer Schöpfer ist eins als auch euer Vater ist eins. Eure Religion und euer Prophet sind ebenso eins. Der Araber hat über den Perser und der Perser über den Araber keine Überlegenheit. Erneut hat der Rote über den Dunklen und der Dunkle über den Roten keine Überlegenheit. Kein Volk ist dem anderen überlegen. Nur im sich enthalten von Sünden kann der eine dem anderen überlegen sein.
(überliefert von Ebu Said r. a.)

123/3)
Als eine Person das Paradies betrat, sah er, dass sein Sklave einen höheren Rang besaß als er.
Da sprach er: „Obwohl dieser mein Sklave ist, soll sein Rang höher als der meine sein?"
Allah antwortete: „Ja, Ich habe ihn als auch dich nach euren Taten belohnt."
(überliefert von Ebu Hüreyre r. a.)

127/3)
Der Mensch besitzt ein Stück Fleisch, wenn dieser gesund ist, geht es auch dem Körper gut. Wenn dieser leidet, geht es auch anderen Bereichen schlecht. Und dies ist das Herz.
(überliefert von Numan r. a.)

166/6)
Soll ich euch eure Leiden und euer Heilmittel mitteilen? Wisset, eure Leiden sind eure Sünden. Euer Heilmittel hingegen ist die Bitte um Vergebung.
(überliefert von Enes r. a.)

192/7)
Glaube bedeutet, mit dem Herzen zu wissen, mit der Sprache zu sagen und mit der leitenden Persönlichkeit tätig zu sein.

(überliefert von Ali r. a.)

192/11)
Glaube bedeutet, Allah zu lieben.
(überliefert von Ebu Hüreyre r. a.)

193/8)
Glaube sind zwei gleiche Teile. Die Hälfte ist Geduld, die andere Hälfte ist Dankbarkeit.
(überliefert von Enes r. a.)

194/11)
Gute Taten vergehen nicht, Sünden werden nicht vergessen und Allah stirbt nicht.
Tue, was du willst, du wirst den Gegenwert erhalten.
(überliefert von Ebud Derda r. a.)

195/1)
Der Segen ist mit euren Alten. Der, der den Jüngeren kein Erbarmen und den Älteren
keine Ehrerbietung darbringt, der ist nicht von uns.
(überliefert von Ebu Humame r. a.)

200/16)
Das Paradies liegt unter den Füßen der Mütter.
(überliefert von Enes r. a.)

204/9)
Scham kommt vom Glauben.
(überliefert von Enes r. a.)

205/11)
Ein schöner Charakter lässt die Sünden schmelzen. So wie das Wasser das Eis zum
Schmelzen bringt. Ein schlechter Charakter verdirbt das Handeln. So, wie Essig Honig
verdirbt.

(überliefert von ibni Abbas r. a.)

207/9)

Das Gebet besteht aus Gottesverehrung.

Allah teilt mit: "Betet zu Mir, damit Ich euer Gebet annehme."

(überliefert von Numan ibni Besir r. a.)

234/3)

Die Sünden des Kranken fallen wie die Blätter des Baumes.

(überliefert von Halid ibni Abdillah r. a.)

242/2)

Die Tür der Reue ist offen. Bis die Sonne im Abendland aufgeht*, wird sie nicht geschlossen.

*bis zum Weltuntergang

(überliefert von Safvan r. a.)

286/12)

Der Anfang von Verstand ist nach dem Glauben an Allah Schamgefühl und ein schöner Charakter.

(überliefert von Enes r. a.)

312/4)

Wer Wissen bewirbt, ist wie jemand, der Allah bewirbt. Wissen zu bewerben ist ein Wesen des Islam. Wer dieses bewirbt, erhält Belohnung wie die Propheten.

(überliefert von Enes r. a.)

327/10)

Allah (c. c.) teilt mit: „Wenn Mein Diener eine gute Tat zu machen beabsichtigt und es nicht tut, schreibe Ich ihm ein gutes Werk. Wenn er es macht, schreibe ich ihm 10 bis 700 gute Werke. Wenn jemand eine schlechte Tat beabsichtigt, schreibe Ich ihm,

solange er nichts tut, nichts auf. Wenn er es macht, schreibe Ich ihm das Einfache auf."
(überliefert von Ebu Hüreyre r. a.)

328/1)
Allah (c. c.) teilt mit: „Wenn sich Mein Diener Mir ein Fußbreit nähert, nähere Ich Mich ihm eine Elle weit. Wenn er sich Mir eine Elle weit nähert, nähere ich Mich ihm einen Klafter. Wenn er auf Mich zugeht, nähere Ich Mich ihm laufend."
(überliefert von Enes r. a.)

328/9)
Allah (c. c.) teilt mit: „O Sohn Adams! Erst, wenn du Mir Diener bist, zu Mir betest, alles von Mir erhoffst und Mir nichts beigesellst, vergebe ich das, was an dir ist. Wenn du mit deinen Fehlern und Sünden die Erde und die Himmel erfüllst und damit vor Mich trittst, begegne Ich dir mit ebenso viel Vergebung und begnadige dich. Deinen vielen Sünden lege ich dann keine Bedeutung bei."
(überliefert von Ebud Derda r. a.)

328/10)
Allah (c. c.) teilt mit: „Ich bin, was Mein Diener sich vorstellt. (So wie er sich Mich vorstellt, so bin Ich.) Darum soll mein Diener sich Mich vorstellen, wie er möchte."
(überliefert von Vasile r. a.)

329/1)
Allah (c. c.) teilt mit: „Wenn ein Mann weiß, dass Ich im Besitz der Macht bin, vergebe Ich seine Sünden. Solange er Mir nichts beigesellt, vergebe Ich ihm, bin Ich gleichmütig."
(überliefert von Ibni Abbas r. a.)

331/9)
Gabriel (a. s.) ist zu mir gekommen und sagte: „O Mohammed (s. a. v.), lebe solange du willst, du wirst sterben. Liebe, was du willst, letztlich wirst du dich eines Tages

davon trennen. Tue, was du willst, letzten Endes wirst du dessen Rechenschaft ablegen."
(überliefert von Cabir r. a.)

331/11)
Moses (a. s.) sagte: „O mein Schöpfer, bist Du nah? Dann spreche ich langsam. Bist du fern? Sodass ich meine Stimme erhebe. Ich höre deine Worte, aber sehe Dich nicht, wo bist du?" Allah (c. c.) teilte mit: „Ich bin hinter dir, vor dir, zu deiner Rechten und auch zu deiner Linken. O Moses (a. s.), wenn mein Diener mich anruft, bin ich sein Nächster, und wenn er betet, bin Ich mit ihm."
(überliefert von Sevban r. a.)

341/3)
Jedes gute Werk ist eine Spende.
(überliefert von Bilal r. a.)

343/5)
Ein weises Wort, das jemand hört, ist besser als ein Jahr Gottesdienst, besser, als eine Stunde Wissen zu erwerben und besser, als einen Sklaven freizulassen.
(überliefert von Ebu Hüreyre r. a.)

344/4)
Die Reife des Glaubens ist ein schöner Charakter.
(überliefert von Ebu Hüreyre r. a.)

351/2)
Derjenige, der isst und dankbar ist, erhält den gleichen Lohn, wie jemand, der fastet und sich geduldet.
(überliefert von Ebu Hüreyre r. a.)

354/3)

Sich zu enthalten, schützt nicht vor dem Schicksal. Jedoch das Gebet schützt. Vor dem, was passiert ist und vor dem, was noch nicht passiert ist. Somit, o Diener Allahs, umschließt das Gebet.
(überliefert von Muaz r. a.)

362/9)

Den Koran zu lesen macht den Koran nicht aus. Wissen wiederzugeben, macht Wissen nicht aus. Der Koran vollendet sich mit rechtem Glauben, das Wissen mit Verständnis.
(überliefert von Enes r. a.)

362/12)

Reichtum liegt nicht im Besitz vieler Güter. Denn Reichtum liegt in dem Seelenreichtum.
(überliefert von Enes r. a.)

366/6)

Weder für einen guten noch für einen schlechten Menschen soll man den Tod wünschen. Wenn er gut ist, dann mehrt er sein Gutes. Wenn er schlecht ist, dann zeigt er Reue und rettet sich.
(überliefert von Ebu Hüreyre r. a.)

370/2)

Wenn meine Liebe das Herz eines Dieners erreicht, so verbietet Allah, dass dessen Körper zur Hölle gelangt.
(überliefert von Ibni Ömer r. a.)

376/4)

Auf Erden gibt es kein lebendes Ich, über den hundert Jahre vergehen.
(überliefert von Cabir r. a.)

378/12)

Es gibt niemanden, der keine Reue zeigt, wenn er stirbt. Falls er gut war, wird er es bereuen, warum er nicht mehr Gutes getan hat, falls er schlecht war, wird er es bereuen, warum er im Schlechten beharrte.
(überliefert von Ebu Hüreyre r. a.)

413/4)

Wer nur zwei Hadithen lernt, die ihm nützen und diese anderen beibringt und wenn er diese nützt, ist dies besser für ihn als 60 Jahre Gottesdienst.
(überliefert von Bera´ r. a.)

420/10)

Wenn jemand Allah anruft und wenn aus Gottesfurcht Tränen aus seinen Augen treten und zu Boden fallen, dann straft Allah diesen Diener am Tag der Rechenschaft nicht.
(überliefert von Enes r. a.)

421/3)

Wenn jemand Mich im Traum sieht, dann gelangt er nicht in die Hölle.
(überliefert von Saad ibni Nasire r. a.)

423/9)

Falls jemand nach Mir einen Muslim erfreut, dann erfreut er Mich im Grab. Und wer Mich im Grab erfreut, den erfreut Allah am Tage der Rechenschaft.
(überliefert von Ibni Mes´ud r. a.)

451/5)

Ein Mann, der sein Lebtag lang nichts Gutes tat, hat vom Weg einen Dorn entfernt. Soweit, dass er vom Baum die Dornen entfernte und die Dornen am Boden zur Seite legte. Dies ist vor Allah angenommen worden und er kam ins Paradies.
(überliefert von Ebu Hüreyre r. a.)

2. Hadithe (Überlieferungen) von Mohammed

Bismillahirrahmanirrahiym
Im Namen Allahs, des Erbarmers, des Barmherzigen

59/48)
Von der religiösen Andacht ist Allah (c. c.) am liebsten diejenige, die, obgleich wenig, doch regelmäßig verrichtet wird.
(überliefert von Aise r. a.)

60/49)
Von der religiösen Andacht ist Allah (c. c.) am liebsten das Schützen der Zunge.
(überliefert von Ebu Cuheyfe r. a.)

62/54)
Unter euch sind Allah (c. c.) diejenigen am liebsten, die wenig essen und deren Körper leicht ist.
(überliefert von Enes r. a.)

72/71)
Denjenigen, der im Glauben sündhaft und in seinem Leben ein Unwissender ist, hat Allah (c. c.) aufgrund seiner Großzügigkeit in das Paradies aufgenommen.
(überliefert von Enes r. a.)

77/78)
Lobt Allah (c. c.), denn dieser Lob ist sowohl dir als auch deinem Wunsch eine Hilfe.
(überliefert von Ibn Asakir r. a.)

78/79)
Spricht über eure Verstorbenen von deren Gutem, spricht nicht über deren Sünden.
(überliefert von Ibn Ömer r. a.)

92/107)

Die Stärksten unter Euch sind diejenigen, die im Moment der Wut Herr über sich sind. Eure Gütigsten hingegen sind diejenigen, die vergeben, obgleich ihre Kraft ausreichend ist.

(überliefert von Ali r. a.)

96/114)

Macht eure weltlichen Arbeiten ordentlich. Und verrichtet Taten für das Jenseits, als würdet ihr morgen schon sterben.

(überliefert von Enes r. a.)

97/118)

Und sei es aus China, nehmt das Wissen an. Schließlich ist das Werben um Wissen jedem Muslim eine Pflicht.

(überliefert von Enes r. a.)

138/196)

So, wie Allah (c. c.) die Krankheit schuf, so schuf er deren Heilmittel. So lasst euch behandeln.

(überliefert von Enes r. a.)

162/242)

Der Diener gibt ein Stück Brot als Spende und dieses wächst vor Allah (c. c.) so an wie der Berg Uhud.

(überliefert von Ebu Berze r. a.)

228/363)

Verschont euch von Lügen, schließlich lässt sich Lüge nicht mit Glauben vereinbaren.

(überliefert von Ebu Bekir r. a.)

244/399)
Die Augen der Propheten mögen schlafen, ihre Herzen jedoch schlafen nicht.
(überliefert von Enes r. a.)

247/406)
Der Segen ist mit den älteren Menschen.
(überliefert von Ibn Abbas r. a.)

3. Spirituelle Weisheiten von Rumi

Mevlana Dschaladdin Rumi

- wurde 1207 in Afghanistan geboren und verstarb 1273 in Konya in der Türkei.
- war ein Mystiker und einer der bedeutendsten Dichter des Mittelalters in persischer Sprache .

In heutiger Zeit sind seine schriftlichen Werke weltweit bekannt, beliebt und werden äußerst geschätzt.

Spirituelle Weisheiten von Rumi

Mevlana Dschalaladdin Rumi

- Derjenige, der es lernt, im Herzen Licht zu entfachen, sich zu erhellen, den kann nicht einmal die Sonne verbrennen. Wenn du wie der Tag leuchtend verbleiben willst, so beleuchte dein Selbst, das der Nacht ähnelt.

- Beobachte Hunderttausende, die sich ähneln, und achte auf die 70 Jahre, die sie unterscheiden. Zwei Dinge können sich ähneln: Sowohl bitteres Wasser als auch süßes Wasser sind kristallklar.

- Der Garten, der von dem Grünen und den Blumen zu Stande kommt, ist vergänglich, doch der Rosengarten, der vom Verstand zu Stande kommt, ist immer grün und schön.

- Solange Allah mit dir ist, ist der Tod als auch das Leben schön.

- Wer Honig verzehrt, nimmt seine Biene nicht übel.

- Eine Kerze verliert beim Entfachen einer anderen Kerze nichts von seinem Licht.

- Welche Freude über denjenigen, der seine eigenen Fehler sieht.

- Dem Fisch ist außer dem Meer alles andere eine Qual.

- Sowohl die Frage als auch die Antwort gebiert das Wissen.

- Ich bin wie ein Türschlüssel, der vom Schloss ruft. Glaubst du denn, dass meine Worte nur Worte sind?

- Solange du bei dir bleibst und dich anbetest, wird man von dir zu deinem Ich keinen Weg frei geben. Glaube nicht, dass du Glückseligkeit findest, wenn bei dir deine Existenz und deine Selbstverherrlichung verbleiben. Denn du verehrst nach wie vor den Götzen deines Selbst.

- Der Weg unseres Propheten ist der Weg der Liebe.
  Wir sind aus Liebe geboren, unsere Mutter ist Liebe.

- Ich bin weder Christ noch Jude noch Muslim.
  Ich bin weder vom Osten noch vom Westen.
  Ich habe die Zweiheit beiseitegestellt,
  Ich habe gesehen, dass beide Welten eines sind.

- Komm zu dir, sage ein ganz neues Wort, sodass die Welt sich erneuert. Dein Wort muss solch ein Wort sein, dass es die Grenzen der Welt sprengt. Was sind Grenzen, was Richtlinien? Sollte man nicht wissen!

- Das Brennen der Wunde, das vom Biss eines Flohs stammt, verschwindet, wenn dich eine Schlange beißt.

- Die Liebe ähnelt einem Prozess und Leiden ertragen ähnelt Zeugen. Wenn du keine Zeugen hast, wie willst du den Prozess gewinnen?

- Wenn es das Brennen der Herzen und Tränen der Verliebten nicht gäbe, so gäbe es auf Erden kein Wasser und kein Feuer.

- Wenn du keinen Verstand hast, steht es schlimm, wenn du aber kein Herz hast, dann bist du ohnehin nicht existent.

- Ein Mensch von Verstand sagt nicht alles, was er denkt, aber er überlegt alles, was er sagt.

- Beneide andere nicht, denn es gibt viele, die dein Leben beneiden.

- Wissen ist ein Meer ohne Grenzen. Der Wissen erwerbende hingegen ist ein Taucher, der in das Meer eintaucht.

- Sei kein Tropfen, bring dich in den Zustand eines Meeres. So wie du das Meer liebst, lass von dem Tropfendasein ab.

- Würden die Wolken nicht weinen, wie würde das Grün dann lachen können?

- Mich kennt zum einen mein Selbst, zum anderen mein Schöpfer. Ich brauche zum einen nur mich, zum anderen den Verstehenden.

- Sei neben einem Einfältigen so still wie ein Buch.

- Einfältige haben wenig Mitleid und Güte.

- Sich über Unwissende zu gedulden, lässt Wissende aufleuchten.

- Was einem Armen gegeben wird, gelangt zu Allah, bevor der Arme es in den Händen hält.

- Sorglosigkeit wird durch Geduld geboren.

- Dass die Rose die Dornen erträgt, macht sie wohlriechend.

- Jeder Mensch ist eine Welt. Gedanken machen den Menschen aus, was übrig bleibt, sind Fleisch und Nerven.

- Alles ist mit dem Schicksal vorbestimmt worden. Sei mit deinem Schicksal einverstanden, sodass du zufrieden sein kannst.

- Sage immer die Wahrheit. Aber nicht jederzeit jede Wahrheit.

- Du kannst alles, ohne es zu suchen, nicht finden. Aber dieser Freund (Allah) ist anders; diesen kannst du nicht suchen, bevor du Ihn findest.

- Wer nicht ein klein wenig Licht in sich trägt, dem nützen die Belehrungen der Außenstehenden nicht.

- Lege beide Spitzen deiner Finger auf deine Augen. Kannst du noch etwas von der Welt sehen? Nur weil du sie nicht siehst, heißt es nicht, dass es diese Welt nicht gibt.

- Anstatt dass sich die Menschen beschweren, dass sich zwischen den Rosen Dornen befinden, sollten sie dankbar sein, dass zwischen Dornen Rosen geschaffen wurden.

- Wer sich bemüht, wird den Schatz erlangen.

- Juwelen können mit der Zeit gekauft werden, aber Zeit kann mit Juwelen nicht gekauft werden.

- Was sah ich für Menschen, sie trugen keine Kleidung auf ihren Leibern, was sah ich für Kleidung, in ihnen befanden sich keine Menschen.

- Wer auch immer du bist, dennoch komme.

- Geduld ist der Schlüssel zur Freude.

- Wisse dies sehr gut; Wenn dein Herz das Grab deiner Geheimnisse wird, so erfüllen sich deine Ziele sehr rasch.

- Mein Schweigen rührt von meinem Adel. Zu jeder Äußerung habe ich eine Antwort. Aber; Zum einen schaue ich, ob das Wort ein Wort ist, zum anderen schaue ich, ob der Redende ein gestandener Mann ist.

- Auf diese Erde säen wir keinen anderen Samen als Liebe.

- Auch wenn seine Farbe dunkel ist, wenn eine Person mit dir dieselben Absichten verfolgt, nenne ihn Weiß, er hat deine Farbe.

- Wenn auch um den Hals eines Löwen eine Kette aufliegt, für alle Kettenhersteller bleibt ein Löwe ein Herr.

- Geduld ist ein Führer, der den Menschen am schnellsten zu seinem Ziel führt.

- Dein Herz wird dich eines Tages zum Geliebten bringen. Deine Seele wird dich eines Tages zum Geliebten tragen. Gehe ja nicht in deinen Schmerzen verloren. Wisse, die Schmerzen, die du erduldest, werden eines Tages dein Heilmittel sein.

- Das Herz, das die wahre Liebe kennt, betrachtet sogar einen Tropfen Wasser mit Respekt.

- Ein Unwissender sieht die Schönheit der Rose nicht, er geht hin und stört sich an den Dornen.

- Wenn es dein Schicksal ist, ziehst du sogar von einer Ameise eine Lehre. Wenn es nicht dein Schicksal ist, wäre es dir zuwider, auch wenn die gesamte Welt sich vor dir erstrecken würde.

- Wenn du zu Asche geworden bist, warte darauf, bis du dich erneut in eine Rose verwandelst. Und erinnere dich nicht daran, wie oft du in der

Vergangenheit zu Asche geworden bist, sondern wie häufig du dich zwischen der Asche aufgerichtet hast und erneut eine Rose wurdest.

- Sie haben gesagt: Wer vom Auge weit entfernt ist, ist auch vom Herzen weit entfernt. Ich habe gesagt: Der, der in das Herz Einlass fand, was macht es schon, wenn Er vom Auge weit entfernt ist?

- Ein Liebender zwischen hundert Personen wird wie der im Himmel zwischen Sternen erstrahlende Mond deutlich.

- Ich bin in Aufruhr, hat er gesagt. Nein, er war in Prüfungen. Hätte er das gemerkt, wäre das seine Rettung gewesen.

- Wenn du ein Gebet und eine Bitte hast, überall zu sein, gehe ein in die Herzen; denn Liebende tragen ihre Geliebten in ihren Herzen.

- Anstatt Gründe zu suchen, auf jemanden böse zu sein oder sich über jemanden zu ärgern, sucht Wege, um zu lieben und geliebt zu werden.

- Ich habe meine Augen, die die Fehler der Menschen sehen, blind gemacht. Betrachte auch du sie wie ich mit gütigem Blick.

- Jeder von uns ist ein Engel mit einem Flügel und wir können erst fliegen, wenn wir uns umarmen.

- Schaut! Bei gesellschaftlichen Krisen, Streit und Kämpfen ist der einzige und stärkste Entstehungsgrund das Fehlen von Liebe. Und die beste Behandlung dessen ist es, die Liebe zu suchen, zu leben und anzuwenden. Wenn ihr tolerant und nachsichtig seid, liebt ihr. Dann werdet ihr geliebt. Wenn ihr euch entscheidet und euch auf diesem Weg bemüht, erreicht ihr alles.

- Nicht die gleiche Sprache, sondern wer die gleichen Gefühle teilt, kann sich verstehen.

- Sei im Erbarmen wie die Sonne; sei in der Großzügigkeit wie fließendes Wasser; sei in der Bescheidenheit wie die Erde; sei im Bedecken von Fehlern und Mängeln wie die Nacht.

- Manchmal beneiden Engel unseren Zustand und manchmal empfindet selbst der Teufel Abscheu über unseren Zustand.

- Zeige denen, die auf Erden sind Erbarmen, sodass die, die in Himmeln sind, dir Erbarmen zeigen. Habe Mitleid mit denen, die unter dir stehen, sodass diejenigen dir Mitleid zeigen, die über dir stehen.

- Kann es denn ohne Kampf und Geduld einen Sieg geben?

- Bevor du deine Zunge erziehst, erziehe zuerst dein Herz; denn das Wort entspringt vom Herzen und kommt von der Zunge hervor.

- Ganz gleich, wie viel du weißt, deine Worte sind so viel, wie deine Gegenüber zu verstehen imstande sind.

- Das Herz ist ein Meer, die Zunge ein Ufer. Das, was es im Meer gibt, das schlägt am Ufer auf.

- Das Herz ist wie ein Garten. Dort wird mit Sicherheit so manches wachsen. Dann säet schöne Sachen, sodass schöne Dinge wachsen.

- Die Menschen können alles erreichen, wofür sie sich bemühen. O du Glücklicher! Lass ab vom trockenen Gebet. Willst du einen Baum, so musst du Samen säen.

- Schau auf die Welt, wie es nicht jeder tut.

- Weißt du, was eine Geschicklichkeit ist? Dass die Augen, die zu Steinen schauen, die Blumen sehen.

- Deine Liebe fand nirgends Platz. Sie hatte einzig in meinem Herzen Platz. Jetzt passt sie auch nicht in mein Herz. Sie strömt aus meinen Augen.

- Die Liebe ist eine Krankheit, die keinen Preis und keine Gegenleistung hat. Liebe befiehlt nicht, sie erzieht.

- Verstehen ist Wissen; Wissen ist Vergeben.

- Wenn eine Welle an Kummer das Herz von einem Menschen trifft; entweder hat er dann seinen Herren vermisst oder sein Herr ihn.

- Sie fragten Rumi "Du schreibst so viel, du liest so viel, was weißt du?". Rumi antwortete "Ich weiß um meine Grenzen."

- Ich bin nicht wahnsinnig vor Liebe, Freund. Aber wenn Du rufen würdest, würde ich in die Wüsten kommen. Ich würde zu Dir nicht als Lüge kommen, sondern mein Wesen sammeln und auf einfache Weise kommen. Wenn ich an Deine Tür klopfte und Du "Wer ist da?" sagtest; ich würde an Deiner Tür nicht mein Selbst sein, sondern Du werden und kommen. Hauptsache, Du sagtest, ich solle kommen, ich würde dem Weg keine Last sein, würde zum Weg werden und kommen.

- Wann immer Unglück und Unheil dich erreichen, empfange sie lachend. Du lernst Dankbarkeit und Geduld, fürchte dich nicht, der Aufenthaltsort des Einverständnisses ist dir nah.

- Geduld gleicht einem bitteren Kraut, das Schmerzen stillt. Es verbrennt und gleichzeitig behandelt es.

- Wenn alle der gleichen Meinung sind, heißt das, dass niemand zur Genüge nachdenkt.

- Unsere Augen sind zwei, unsere Ohren sind zwei, unser Mund aber ist eins. Man sollte viel sehen, viel hören, wenig reden.

- Schöne Zeiten kommen nicht zu dir. Du gehst zu ihnen.

- Worte sagt man entsprechend dem, der zuhört; der Schneider näht die Bekleidung entsprechend der Größe.

- Von dieser Liebe erleidest du keinen Verlust, mein Herz! Auch wenn das Leben schwindet, fürchte dich nicht, der Tod ist ein anderes Leben.

- Geduld ist der Schlüssel zur Freude.

- Mein Verstand fragte meinem Herzen: "Was ist Glaube?" Mein Herz jedoch neigte sich zum Ohr meines Verstandes und sagte: "Glaube ist Anstand."

- Fürchte dich vor dem Altern, wenn du den Wert deiner Jugend nicht verstanden hast. Fürchte dich davor, vergessen zu werden, wenn du kein gutes Werk hinterlassen hast. Fürchte dich vor dem Tod, wenn du es nicht zu Stande brachtest, vor dem Tod zu sterben.

- Jeder Regentropfen ist dazu da, um Grün zu erschaffen. Sie sollen nicht glauben, wir wären zusammengebrochen, sie sollen nicht glauben, wir wären gefallen. Für einen anderen Frühling lediglich sind unsere Blätter gefallen.

- Falls du eines Tages ein großes Leid hast; dreh dich dann nicht zu deinem Herrn und sage nicht: "Ich habe ein großes Leid." Dreh dich zu deinem Leid und sage: "Ich habe einen großen Herrn."

- Wer mit weltlichen Augen schaut, sieht das Gesicht; wer mit den Augen des Herzens schaut, sieht das Wesen des Menschen.

- Das, wonach du suchst, das bist du. Wenn du nach Schlechtem suchst, dann bist du ein Schlechter, wenn du Liebe suchst, dann bist du ein Liebender.

- Mach dir nichts daraus, mein Herz. Auch wenn es niemand weiß und niemand versteht, dass du ermüdet bist. Der Herr weiß um deine Wahrhaftigkeit.

- Ein iranischer Dichter sagt: "Wenn du zu der Liebe fliegst, verbrennen deine Flügel." Daraufhin sagt Rumi: "Wenn du nicht zu der Liebe fliegst, wozu hast du dann Flügel?"

- Wenn alles über dich hereinbricht und dich zu einem Punkt bringt, wo du es nicht mehr ertragen kannst, gib auf keinen Fall auf! Denn dort ist der Ort, an dem dein Schicksal sich wendet.

- Je weniger hoch du fliegst, desto weniger verletzt du dich, wenn du fällst. Lass Hochmut sein, sei bescheiden!

- Deine Gedanken reflektieren deine Worte, deine Worte deine Handlungen und deine Handlungen dein Schicksal. Denke schön, lebe schön!

- Hör auf, in Schlössern Marmor zu sein. Sei Erde, sodass auf deiner Brust Rosen wachsen.

- Es ist nicht leicht, eine Kerze zu sein. Um Licht zu verströmen, muss man zuerst brennen.

- Leid zeigt dem Menschen stets einen Weg.

- Zuallerletzt kommt der Tod, dennoch sagen wir, es sei zu früh.

- Wenn das Leid dich dazu veranlasst, im Geheimen Allah anzurufen, ist es wertvoller als alle Güter auf Erden.

- Dieses dein Leben, indem du dich befindest, vom einzigen Augenblick, solltest du als Gelegenheit wissen. Und sei damit beschäftigt. Weder trauere über deine Vergangenheit, noch fürchte dich vor der Zukunft!

- Sich mit einem Unwissenden zu unterhalten ist für einen Wissenden beschwerlich. Denn der Unwissende sagt alles, was ihm in den Sinn kommt.

- Wer sich geduldet, zu dem kommt das tägliche Brot. Mit übertriebenem Ehrgeiz zu arbeiten und sich zu mühen ist Ungeduld.

- Nehmen wir an, du hast den gesamten Osten und Westen erobert, du hast die Herrschaft über jeden Ort erlangt. Da diese Herrschaft nicht bleiben wird, geh davon aus, es sei ein Blitz; es schlägt ein und verschwindet. O du freiwillig Schlafender, betrachte einen nicht ewig währenden Besitz als einen Traum.

- Eine Person, die sich als unvollständig betrachtet, reitet mit zehn Pferden zur Reife. Eine Person hingegen, die sich für Reif hält, erreicht Allah wegen dieser seiner Einbildung nicht.

- Da du nicht die Sünden und Fehler anderer schließen kannst, schließe deine eigenen Augen!

- Du, meines Herzens linke Seite. Ich legte dich an meinen Verstand, mein Verstand konnte Dich nicht aufnehmen. Ich überließ Dich meinem Herzen, es wurde Deiner nicht satt!

- Auf die Frage: "Was ist der Wert eines Menschen?" Antwortete Rumi kurz, aber sehr tiefsinnig: "Sein Wert ist das, wonach er sucht."

- Das Leben ist ein Schlaf, der Mensch erwacht, wenn er stirbt. Handle du früher und erwache, bevor du stirbst.

- Liebe ist solch ein weites, unendliches Meer, dass sie weder einen Anfang noch ein Ende hat.

- Herz! Sollen sie dich verrückt nennen, wahnsinnig, sterblich verliebt nennen, besiegt nennen, der Niederlage in Schmach lebendes Kind nennen. Doch O Herz, dich sollen sie nicht des Sieges Trunkener nennen. Zu dir sollen sie nicht sagen "Er konnte dein Herz nicht brechen." O Herz, werte deine Niederlage als heilig. Zerbrich dein Herz und werde zu Herz. Sammle Düfte vom Paradies. Und sogar von noch größeren Weiten.

- Der mit Anstand schweigt aus Anstand. Und der ohne Anstand glaubt, er hätte ihn zum Schweigen gebracht.

- Hoffnungslosigkeit ist das schönste Zeichen, das von Allah kommt. Sie zeigt an, dass die Zeit zum Beten gekommen ist. Wenn aus deinen Augen Tränen treten und traurig ist dein schönes Gesicht, bedeutet dies, dein Herr hat dich vermisst, er hat deine Stimme hören wollen.

- Die Erhabenheit eines Zieles wird durch die Strapazen des Weges deutlich.

- Nimm an, du hast den gesamten Westen, den gesamten Osten erobert; ist es nicht so, dass diese nicht bleiben werden, dass du fortgehen und vergehen wirst?

- Gieße das Wasser deiner Lebenskraft in das Meer; werde ein grenzenloses, endloses Meer.

- Wer im Wachsein einen schönen Traum sieht, ist ein Wissender.

- Es gibt viele Personen, deren Augen sehen, doch das Herz schläft.

- Sei Nahrung, sei Kraft, tauche ein in Gedanken; du warst Milch, nun werde zum Löwen in Wäldern.

- Möge er langsam gehen, möge er rasch laufen, wer sucht, der findet. Umarme mit beiden Händen den Wunsch; denn der Wunsch ist es, der eine Anleitung zum rechten Weg ist.

- Suche du die Quelle in dir selbst.

- Die Worte des Wassers, die Worte der Erde, die Worte von Lehm hört und versteht die Herz-Gesellschaft.

- Was immer du dir auch wünschst, suche es in dir selbst!
  In deiner Lebenskraft gibt es eine Lebenskraft, suche diese!
  In deinem Berg gibt es einen Schatz, suche diesen!
  Wenn du den wandernden Derwisch suchst;
  Suche ihn nicht außerhalb von dir,
  Suche ihn in dir selbst!

- Die Freiheit verkaufe ich nicht für Dienerschaft.

- Gehe nicht in das Dorf der Hoffnungslosigkeit; es gibt Hoffnungen.
  Gehe nicht auf die Dunkelheit zu; es gibt Sonnen.

- Verstehen ist Wissen, Wissen ist vergeben.

- Wie du schaust, so siehst du.

- Für uns übe dich noch ein paar Tage in Geduld;
  denn Geduld ist der Schlüssel zur Freude.

- Ein Buch ist die Nahrung der Seele und eine Arznei für den Verstand.

- Wer hat gesagt, die Rose lebe unter dem Schutz des Dornes?
  Das Ansehen des Dornes verdankt dieser einzig der Rose!

- Es gibt so viele Gelehrte, die an wahrem Wissen, wahrer Bildung keinen Anteil haben. Solch ein Gelehrter ist ein Wissen Rezitierender, er ist kein Wissen Liebender.

- Wenn du an der Tür der Bedeutungen klopfst, wird man dir aufmachen.

- Der Mensch ist so groß, so erhaben, dass es mit Gedanken nicht erfasst werden kann.

- Du bist wie das Grün auf der Erde, deine Füße sind gebunden ...

- Der Mensch ist ein Juwel, der Himmel hingegen ein Zeichen für den Menschen; alles verläuft in Stufen, der Zweck hingegen ist der Mensch.

- Der Schatten Allahs (c. c.) befindet sich über dem Haupt des Dieners; wer sucht, der wird letztlich finden.

- Wer Allah (c. c.) gehört, dem gehört auch Allah (c. c.).

- Derjenige, der die Tür zu seinem Herzen öffnet, sieht in jedem kleinsten Teil eine Sonne (Atom).

- Die Trennung und Streitigkeit zwischen den Religionen liegt an der Art des Fortschreitens, nicht an der Wahrhaftigkeit des Weges.

- In Wahrheit ist derjenige, den alle anbeten, einzig Allah (c. c.). Doch die Wege sind unterschiedlich, nach jedermanns Geschmack verschieden.

- Mein Glaube ist, in Liebe zu leben ...

- Allah (c. c.) hat jeden für eine bestimmte Aufgabe erschaffen. In jedermanns Brust hat Er den Wunsch eingegeben, mit einer Tätigkeit beschäftigt zu sein.

4. Spirituelle Weisheiten der vier großen Kalifen

4.1 Kalif Ebu Bekir

Das Geschlecht vom Kalifen Ebu Bekir (r. a.) lehnt an eine Verwandtschaft mit dem Propheten Mohammed (s. a. v.) durch deren Großeltern. Er stammt ebenso vom Nomadenstamm der Kureysh ab.

Der Kalif Ebu Bekir (r. a.) kam etwa zwei Jahre später auf die Welt als der Prophet Mohammed (s. a. v.), also um das Jahr 573 n. Chr.

Wie die anderen großen Kalifen war er ein treuer Begleiter und Liebender des Propheten Mohammed (s. a. v.).

Er war aufrichtig, wahrhaftig und tugendhaft. Er verstarb mit 63 Jahren, im Jahre 636 n. Chr.

Spirituelle Weisheiten vom Kalifen Ebu Bekir (r. a.)

- Derjenige unter den Menschen ist Allah (c. c.) am nächsten, der Ihn am meisten liebt.

- Deine Liebe soll nicht übertrieben, dein Nichtlieben nicht zermürbend sein.

- Viele Worte machen eine Person vergesslich.

- Überlege dir gut, was du sagst, wann du es sagst und zu wem du es sagst.

- Wenn du eine gute Tat verpasst, versuche sie einzuholen. Wenn du sie erreicht hast, schau, dem voranzugehen. Bemühe dich, noch Schöneres zu machen.

- Menschen Gutes entgegen zu bringen schützt die Person vor Unglück und vor Unheil.

- Richte dir kein Grab zurecht, sondern bereite dich auf das Grab vor.

- Auf das Schlechte zu verzichten ist besser, als das Gute zu ersuchen.

- Wer dem Propheten Mohammed (s. a. v.) verbunden ist, soll wissen, er ist gestorben. Wer Allah (c. c.) verbunden ist, soll wissen, Allah (c. c.) stirbt nicht.
  (Die Worte von dem Kalifen Ebu Bekir (r. a.) zu den Muslimen, als Mohammed (s. a. v.) verstarb, was die Muslime besänftigte).

- Das Geheimnis, prägnant zu sprechen, ist das Verlassen unnötiger Worte.

- Geduldet euch, aller Dinge Anfang ist Geduld.

- Verschiebt vier Dinge an vier Orte; den Schlaf zum Grab, die Gemütlichkeit zum Übergang in die andere Welt, den Stolz zur Waage der Taten und das Verlangen zum Paradies.

- Eine reife Person akzeptiert das Vergeben als seine Schulden und das Tun von Gutem als seine Pflicht.

- Allah (c. c.) ist mit dem tatenlosen Wort des Dieners nicht einverstanden.

- Viele Worte machen die Person vergesslich.

- Bücher sind die Gärten kluger Personen.

- Auch wenn du 70-mal deine Reue aufgibst, dennoch zeige erneut Reue.

- So wie Allah (c. c.) sieht, was äußerlich an dir ist, sieht er auch, was in dir vorliegt.

- Unter den Menschen ist Allah (c. c.) demjenigen am nächsten, der Ihn am meisten liebt.

- Wähne deine Triebe als verstorben und diene Allah (c. c.), als würdest du Ihn sehen.

4.2 Kalif Ömer

Der Kalif Ömer (r. a.) entstammte dem Nomadenstamm der Kureysh. Er kam 40 Jahre vor der Hedschra (622 n. Chr., die Umsiedlung der Muslime und dem Propheten Mohammed von Mekka nach Medina: Beginn der Zeitrechnung der Muslime) auf die Welt, somit 582 n. Chr.

Wie die anderen großen Kalifen war er ein treuer Begleiter und Liebender des Propheten Mohammed (s. a. v.).

Für Allah (c. c.) und den Propheten (s. a. v.) lebte er mit äußerster Bemühung. Die ersten Jahre der Religionsgründung war er wegen seines Mutes und seiner Stärke eine große Stütze für den Propheten Mohammed (s. a. v.).

Der Kalif Ömer (r. a.) verstarb 645 n. Chr. im Alter von 63 Jahren.

Spirituelle Weisheiten vom Kalifen Ömer

- Für Allah gibt es kein Verhalten, das ihm lieber ist, als die Wut zu bezwingen.

- Von der Frage, die eine Person stellt, stelle ich das Niveau seiner Intelligenz fest.

- Wer das Schlechte nicht kennt, fällt in seine Falle.

- Zeige Weltlichem wenig Zuneigung, sodass du frei lebst.

- Sei stark, ohne Gewalt anzuwenden, sei mild, ohne Schwäche zu zeigen.

- Lass dich nicht vom Ruhm und dem Aussehen eines Menschen täuschen, schau nicht auf sein Gebet und sein Befolgen der Pflichten, schau auf seinen Verstand und seine Aufrichtigkeit.

- Bevor du Sachen fragst, die nicht passiert sind, versuche, von den Dingen eine Lehre zu ziehen, die passiert sind.

- Die Ehre der Menschheit vollzieht sich mit ihrem Verstand, der Adel mit seinem Glauben, seine Individualität mit seiner Moral und Ethik.

- Um es zu vermögen, die Menschen zum Besseren zu bewegen, müssen wir zuerst uns selbst zum Besseren bewegen.

- Demjenigen, der es aufgibt, viel zu lachen, dem wird Würde gegeben.

- Da ich nicht wusste, was für mich besser war, habe ich weder der Entbehrung noch dem Wohlstand in keiner Weise Beachtung geschenkt.

4.3 Kalif Osman

Der Kalif Osman (r. a.) entstammte dem Nomadenstamm der Kureysh. Er kam 47 Jahre vor der Hedschra (622 n. Chr.) auf die Welt, somit 575 n. Chr.

Wie die anderen großen Kalifen war er ein treuer Begleiter und Liebender des Propheten Mohammed (s. a. v.).

Der Kalif Osman (r. a.) ist ein Beispiel für die Muslime in Anstand und Edelmut. Er verschenkte große Anteile seines Wohlstandes für den Islam.

Der Kalif Osman (r. a.) verstarb 657 n. Chr., also mit 82 Jahren.

Spirituelle Weisheiten vom Kalifen Osman

- Das Herz verdunkelt bei Sorge um die Welt, bei Sorge um die Ewigkeit wird es Weise.

- Bevor der Tod euch erreicht, macht sogleich das Gute, das ihr tun könnt.

- Bleibt dem Alkohol fern, denn Alkohol ist der Schlüssel zu allem Schlechten.

- Zieht aus der Vergangenheit eine Lehre und arbeitet daran, Gutes zu tun.

- Außer Allah gibt es keinen wahrhaftigen Zufluchtsort.

- Nehmt wahrhaftig, gebt wahrhaftig.

- Allah (c. c.) lässt nicht von etwas einen Wunsch bilden, was er nicht zuteilwerden lässt.

- Wenn du mit Schwierigkeiten konfrontiert bist, übe dich in Geduld. Denn es gibt keinerlei Schwierigkeiten, wonach keine Erleichterung erscheint.

4.4 Kalif Ali

Der Kalif Ali (r. a.) entstammt dem Stamm der Kureysh. Er ist der Sohn von Ebu Talib, dem Onkel von dem Propheten Mohammed (s. a. v).

Der Kalif Ali (r. a.) kam etwa 8 bis 10 Jahre vor der Hedschra (622 n. Chr.) auf die Welt.

Wie die anderen Kalifen war er ein treuer Begleiter und Liebender des Propheten Mohammed (s. a. v.).

Er war mutig, stark und tugendhaft.

Der Kalif Ali (r. a.) verstarb mit 63 Jahren.

Spirituelle Weisheiten vom Kalifen Ali

- Damit eure Kinder später das Sagen haben, schenkt ihnen schon heute gute Bücher.

- Sei zu nichts auf der Welt verbunden, nur so kannst du deine Freiheit bewahren.

- Um sein Ziel zu erreichen, ist Geduld der Schlüssel; das Ergebnis von Mühe ist der Sieg. Jeder Wunsch, der bewahrheitet werden will, hat seine Zeit; das Schicksal bringt diesen Moment in Bewegung und verschafft ihr ein Äußeres.

- Wenn das Herz blind ist, hat es keinen Nutzen, wenn die Augen sehen.

- Geht mit den Menschen so gut um, dass selbst euer Feind über euren Tod weint.

- Heute ist der Tag der Taten, es gibt keine Rechenschaft. Morgen gibt es jedoch Rechenschaft, es gibt dann keine Möglichkeit mehr, tätig zu sein.

- Das Vermeiden von Sünden ist das Fundament des Glaubens.

- Derjenige, der mit Wissen aufersteht, der stirbt nicht.

- Derjenige, der viel lacht, verliert an Würde.

- Derjenige, der wenig Verstand besitzt, kann seine Zunge nicht halten.

- Schau nicht auf den, der spricht, schau auf das, was gesagt wird.

- Das Wort ist wie ein Arzneimittel; wenig davon gibt Leben, zu viel davon lässt sterben.

- Ein Gelehrter lebt auch, wenn er stirbt, ein Unwissender hingegen stirbt während seines Lebens.

- Ich wollte hochgestellt sein. Das fand ich in der Bescheidenheit.

- Wenn du im Recht bist, sollst du dich vor niemandem ergeben.

- Zu keiner Zeit habe ich eine Diskussion gegen einen Unwissenden gewonnen.

- Sei nicht zu hart, sonst zerbrichst du. Sei nicht zu weich, sonst wirst du unterdrückt.

- Wenn du deine Geheimnisse diesem oder jenem eröffnest, sei mit den Schanden, die dir zuteilwerden, einverstanden.

- Das Gebet ist die Waffe des Gläubigen und die Säule des Glaubens. Es ist heiliges Licht im Himmel und auf der Erde.

- Die Füße der Mutigen sind zum Ausharren und die Füße der Feigen sind zum Flüchten erschaffen worden.

- Das Wissen ist dem Besitz überlegen. Denn du beschützt deinen Besitz, doch dein Wissen beschützt dich.

- In dieser meiner Brust gibt es verborgen vorliegend viel Wissen. O fände ich doch Herren, die fähig waren, diese zu tragen!

- Ihr Menschen glaubt, dass ihr bedeutungslos seid. Dabei verbirgt sich in Wahrheit in euch ein gewaltiges Universum.

Die Bedeutungen der Abkürzungen in diesem Buch

(c. c.) Celle celaluhu: Wird ausgedrückt, um Allah zu erhöhen.
Wird nur im Zusammenhang mit Allah verwendet.

(s. a. v.) Sallallahu aleyhi ve sellem: Mögen auf Mohammed Segen und Gruß sein.
Wird nur im Zusammenhang mit Mohammed verwendet.

(a. s.) Aleyhisselam: Möge Allahs Gruß mit ihm sein.
Wird nur in Zusammenhang mit Propheten verwendet.

(r. a.) Radiyallahu anh: Möge Allah mit ihm/ihr einverstanden sein.
Wird nur im Zusammenhang mit den Begleitern zu Lebzeiten Mohammeds und manchen islamischen Größen verwendet.

Literaturverzeichnis

Titel: Der Koran – Das Heilige Buch des Islam
Übersetzung aus dem Arabischen in das Deutsche: Max Henning
Überarbeitung: Murad Wilfried Hofmann
Verlag: Çağrı Yayınları

Titel: Ramuz el-Ehadis
Hadisler Deryası
Ersteller: Ahmed Ziyaüddin Gümüşhanevi, Abdülaziz Bekkine
Drucker: Milsan Basın Sanayii A. Ş.

Titel: Sahih-i Buhari ver Tercemesi
Ersteller: Mehmed Sofuoglu
Verlag: Ötüken

Titel: Mevlana Dergahından Sözler
Ersteller: Dr. Yaşar Ateşoğlu
Verlag: Neden Kitap Yayımcılık

Titel: Mevlana´dan düşündüren Sözler
Ersteller: Baki Apaydın
Verlag: Tutku Yayınevi

Titel: Mevlana´dan düşündüren Sözler
Ersteller: Şaban Karaköse
Verlag: Yediveren Yayınları

Alle Zitate und Weisheiten wurden aus türkischen Medien von der Autorin einzeln ausgewählt und in das Deutsche übersetzt.